AF229086

Original illisible

NF Z 43-120-10

Le Secret de la Vie

Le Secret  de la Vie

Le Mystère dévoilé ·:· La Vie Eternelle

Naître. — Mourir,
Renaître jusqu à l'infini,
Progrès.
Telle est la loi de Dieu,

Mme Lefebvre, médium.
6, rue Dupin, Paris.

Prix : 0 fr. 50 centimes.

PARIS

P. LEYMARIE, LIBRAIRE-ÉDITEUR

42, Rue Saint-Jacques, 42

—

1906

INTRODUCTION

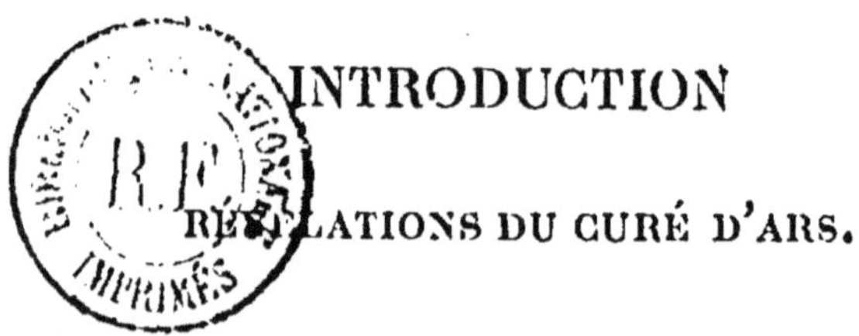

RÉVÉLATIONS DU CURÉ D'ARS.

Lumière, progrès, responsabilité, souffrance, joie, bonheur parfait.

Venez tous : frères, sœurs, chercheurs de vérités, qui voulez la justice, puiser dans ce vocabulaire les enseignements divins ; vous trouverez le chemin qui conduit à Dieu et la force dans la lutte de la vie ; votre fardeau sera léger et votre cœur consolé ; votre esprit sera fort pour supporter tous les ennuis passagers de la terre, en attendant l'heureux jour de votre délivrance.

Venez tous, cher troupeau, le pasteur vous attend pour jouir du bonheur que vos amertumes vous ont procuré.

LE SECRET DE LA VIE

Frères et sœurs, de la sphère divine, je viens vous expliquer le mystère de l'incarnation dont vous ignorez et ne savez pourquoi vous souffrez.

L'Univers est peuplé d'âmes que Dieu envoie sur terre, pour apprendre tous les éléments qui composent la matière et aider au développement moral universel, que tous les êtres doivent parcourir pour arriver au progrès.

La lutte est difficile, mais elle n'est pas impossible; la créature rampe sans connaissances, elle souffre sans savoir pourquoi.

Il y a un Créateur, il est juste, la créature est injuste; elle doit chercher la lumière au-dessus de la tere et puiser dans les connaissances divines; là, elle comprendra le pourquoi de la vie ?

Parole Divine.

Cherchez au-dessus de cette atmosphère vous trouverez l'éclosion qui renferme tous les secrets : vous pourrez propager dans l'immensité.

La parole divine.

La terre est impuissante à vous révéler toutes ces choses ; vous voguez dans un lieu passager ; vous n'y pouvez trouver que les éléments qui composent cette planète. Mais, dans l'amour universel, on découvre la justice. Sur terre, toutes les lois des hommes sont imparfaites : la loi du Créateur est parfaite comme lui. Vous souffrez sur terre parce que vous l'avez mérité ; dans l'enfance de votre esprit, vous avez aussi dicté des lois injustes, il faut que vous subissiez les lois de vos semblables. Vous trouvez qu'elles sont aussi parfois injustes, parce que vous avez acquis le développement spirituel. Autrefois, celles que vous aviez dictées vous semblaient justes parce que vous étiez imparfaits. Vous ne pouviez avoir de connaissances au-dessus de votre portée. Toutes les lois injustes et impures sont semblables à leur auteur. On ne peut dicter une chose que l'on ne comprend pas.

Lorsqu'on dicte une chose que l'on ne comprend pas, ce sont les esprits célestes qui vous inspirent, mais il faut être digne de recevoir leurs conseils; là, vous pouvez propager la lumière divine, puisque c'est la lumière qui vous inspire. Vous découvrez les trésors divins et vous réchauffez vos semblables.

Le lien fluidique.

Il faut un jour quitter la terre ; ne vous y attachez pas trop, car votre lien fluidique, qui attache votre corps à votre esprit, serait trop dur à se briser le jour de votre départ ; votre agonie serait terrible. Le Créateur vous attire, vous vous cramponnez et ne voulez pas le quitter.

L'ignorance.

Faut-il venir sur terre sans connaître le lieu que l'on a à parcourir. On se trouve à tout instant dans des précipices, on ignore qu'ils existent. Pourquoi Dieu n'a-t-il pas averti ses enfants du parcours de la vie ?

Réponse à l'ignorance.

Dieu envoie ses enfants sans connaissances ; il faut tout acquérir à ses dépens et lui rapporter les fruits de sa semence. On ne récolte que ce que l'on sème. Tâchez de bien semer et de bien cultiver pour lui rapporter beaucoup de fruits. Puis aidez vos semblables à semer et à cultiver, vous aurez double mérite en aidant au progrès universel. C'est la loi d'amour : rien n'arrive à Dieu sans cette loi. Tous pour chacun et Dieu pour tous.

Instruction.

Créatures de la terre, vous tous qui souffrez et ne savez pourquoi, je viens vous expliquer ce mystère : dans l'aride sentier, où vous êtes plongés parfois, vous perdez courage, la vie vous est à charge, vous voulez fuir la douleur, mais vous la portez tous dans votre conscience ; partout où vous allez elle vous suit. Dieu, en vous créant, vous a donné une partie de lui-même, son essence divine, sans tache, pour animer votre corps matériel procréé par votre père et votre mère. Il vous a donné aussi un gardien céleste, pour veiller sur votre esprit et vous guider dans le droit chemin. Il a parlé à votre pensée, mais vous ne l'avez pas écouté. Vous avez développé les instincts brutaux qui vous absorbent dans ce cahot passager de la terre éphémère, où vous ne faites que passer.

Vous avez oublié que votre corps matériel n'est que passager ; vous avez travaillé pour l'embellir et lui donner le bien-être selon votre pouvoir, parfois aux dépens de vos semblables ; et vous, pauvre esprit, parcelle divine, vous êtes un univers et vous vous rendez esclave de votre matière. C'est un dépôt qui ne vous appartient pas. Dieu vous l'a prêté et il vous le reprendra quand il lui plaira. Il vous demandera compte de l'emploi de votre vie. Sachez que tous, ici-bas, vous avez des devoirs à remplir. Faites effort et supportez avec courage et soumission la tâche ingrate que vous devez achever et que votre esprit a choisie avant de naître. Le père n'afflige aucune créature, toutes les souffrances sont des dettes que l'on doit réparer.

Prière.

Lumière divine éclairez mon esprit ; je vogue à l'aventure sur la terre, croyant trouver mon bonheur ; la lutte s'empare de moi ; je ne puis sortir de l'ennui ; que vais-je devenir? Je manque de force; aidez-moi, je vous prie, car sans vous je chancelle à tous les vents.

Je ne peux retenir mon équilibre. Je vous prie, ayez pitié de moi, dans cette lutte passagère où je dois acquérir des connaissances divines et racheter mon triste passé pour me présenter au Créateur.

Autre prière.

Mon Dieu, vous nous avez donné une partie de vous-même, pour nous aider à franchir tout obstacle et acquérir les éléments utiles à notre progrès. Éclairez notre intelligence. Que notre pensée s'élève au-dessus de la terre où nous sommes enveloppés dans la fumée des orgies que nous avons contractées. Notre conscience est inquiète : envoyez-nous un rayon divin pour nous ranimer et donnez-nous l'oubli en attendant la réparation. Notre charge est trop lourde ; donnez-nous la force de ne plus retomber. Père, ayez pitié de nous, ne nous abandonnez pas ; car sans vous, à chaque pas, nous tombons dans des précipices et nous sommes impuissants à nous relever.

Communication.

Vous tous, créatures de Dieu, qui rampez sur terre pour apprendre à connaître tous ces éléments qui composent la matière et gravir tout l'ensemble universel. Que de chutes et rechutes sans fin pour apprendre à se connaître ; que d'injustices, de faux calculs, de projets irréalisés, que de cœurs meurtris, que de larmes versées avant de trouver le chemin divin. La mer contient des poissons, la terre des minéraux et végétaux ; l'espace, la famille aérienne qui plane auprès des humains, leur montre le chemin de l'avenir, où les êtres doivent parcourir, ayant remporté la victoire du combat de la vie. Ne murmurez pas dans vos douleurs, demandez la force à Dieu ; plus l'on souffre plus l'on grandit, semblable au voyageur, dans une nuit sombre, au milieu d'une forêt, ne voyant que des bêtes féroces ; il est heureux lorsque la traversée est terminée. Il aperçoit un rayon de soleil, il respire et peut se reposer. Frères, sœurs, ne vous désespérez pas, la douleur n'est pas éternelle. Activez votre course le plus vite possible. Déposez tout ce qui entrave votre marche. Soyez justes, ne faites pas à vos semblables ce que vous ne voudriez pas qu'on vous fît.

N'oubliez pas que toute injustice se répare. Se venger contre ses semblables, c'est se venger contre soi-même, puisqu'il faut renaître et tout réparer. Voilà la justice divine. A chacun selon ses œuvres : telle est la loi.

Foyer Divin.

L'âme voltige, l'esprit cherche à acquérir des connaissances pour amonceler un tout unitaire pour arriver à l'unité divine. Tous, vous devez parcourir tous sentiers pour ne former qu'un univers pour les pléiades célestes où tout germe et respire sans arrêt. Si vous pouviez embrasser un coin de l'ensemble, vous ne penseriez plus à vous amuser sur votre chemin ni à vous rafraîchir avec un fruit qui ne désaltère pas. Plus vous prenez de désirs mondains, plus vous vous absorbez; l'obscurité envahit tout votre être, votre faiblesse vous empêche de remonter sur le rivage. Combien de luttes pour monter la montagne et de chutes pour gravir le sommet. Du foyer divin les étincelles éclatent pour peupler l'univers et animer l'humanité. Minéraux, végétaux, animaux et l'homme, tous, ne faisant qu'un, retournent au foyer divin.

La lumière.

La lumière brille et jaillit au-dessus des murailles, le cœur bat; loin de lui, l'écho se fait entendre, le soupir s'envole dans l'air et retentit vers l'être pour qui les larmes coulent. Ce feu divin se ranime et les deux âmes se rassemblent toutes joyeuses d'être comprises, loin l'une de l'autre, se transmettent leurs pensées, s'harmonisent ensemble. L'espace n'a pas de limites pour l'être éclairé incarné et désincarné.

Pensées.

Tout s'unit, se rapproche et s'assemble, c'est la loi d'affinité, rien ne peut arriver à Dieu sans cette loi d'amour. Faire l'un pour l'autre, s'aimer, se chercher, vivre en harmonie et rapporter tout à Dieu pour ne former qu'une seule famille.

L'esprit pur porte en lui sa lumière et son bonheur, il le suit partout. L'esprit impur subit les conséquences matérielles de ses actes qui retombent sur lui.

Aimer c'est se sentir vivre en tout et pour tous ; l'homme séparé de ses semblables est un être inutile.

L'amour profond comme la mer infinie, comme le ciel embrasse tous les êtres. Dieu en est le foyer.

Que ma pensée aille vers toi, mon frère, pour peser le bien et les maux de l'existence, pour savoir ce qui est le bonheur, en quoi consiste le malheur.

C'est pourquoi nul ne comprendra la vie,

s'il n'en connaît ni le but ni les lois morales, sans connaître la réincarnation, l'esprit est enseveli sous son épaisse chrysalide.

L'amour c'est la céleste attraction des âmes et des mondes, la puissance divine qui relie l'univers, les gouverne et les féconde. L'amour c'est le regard de Dieu, le sentiment supérieur.

On ne progresse pas seul, ainsi il faut vivre avec les hommes, voir en eux des compagnons nécessaires.

La bonne humeur est la santé de l'âme, laissons notre cœur s'ouvrir aux impressions saines et fortes : aimons pour être aimés.

Pardonner est le devoir de l'âme qui aspire aux cieux élevés. Le bienfait acquis nous offense, désarme notre ennemi. Se venger c'est faire deux fautes : se rendre aussi coupable que l'offenseur.

Gardons-nous de la colère qui est le réveil de tous les instincts sauvages.

Un vieillard qui chancelle sur le bord du tombeau, que l'ange vienne lui prêter son appui et l'affranchir des jours devenus un fardeau.

Blanche lumière, j'entrevois, en fermant ma paupière, des jours vécus ; ange bien-aimé, par ton doux souvenir, mon âme ranimée peut sourire à l'espoir. Reflet de mon bonheur sans ta chère présence, sans ton noble secours, ta douce puissance, que ferai-je ici-bas ?...

Tout ce que vous voulez cacher est semblable à la semence qui germe dans la terre et qu'un soleil fait éclore.

Plus vous prenez de plaisirs mondains plus vous vous absorbez et l'obscurité envahit tout votre être.

Conseils.

La pratique du devoir nous mène au perfectionnement, soumettons-nous à dominer nos impressions inutiles. L'âme trouve de nouvelles forces dans la lumière. La raison est une faculté supérieure destinée à nous éclairer sur toutes choses. Cherchez les éléments qui produisent toutes choses utiles ; car l'inutile n'a pas d'écho et ne sert qu'à appauvrir la pensée et rendre la créature responsable. La lumière vient de Dieu et l'obscurité vient de la créature

Conseils à la Jeunesse.

Jeunesse, toi qui fleuris dans tes premières années, sans te soucier de l'avenir : tu crois, dans ton éclat, que ta jeunesse durera toujours ; tu laisses échapper peu à peu ton parfum : tout s'envole dans l'air. La fleur à qui tu portais tant de soins a disparu, seule reste la tige : aucun regard ne s'arrête pour la contempler ; délaissée, perdue, inaperçue dans la foule ; tu regrettes d'avoir porté tout ton regard sur un objet factice qui s'engloutit dans la terre ; et toi, faible esprit, qui dois vivre toujours et acquérir des connaissances divines, tu ne possèdes aucune lumière, tout est sombre dans ta conscience. Relève-toi, prends courage, prends le chemin qui conduit à Dieu, tu respireras son parfum.

Instruction.

Pauvre humanité, vous voulez trouver le bonheur sur la terre, n'avez-vous pas la nuit et le jour, le vent et le soleil, tout se tient l'un à l'autre et la pluie qui inonde votre sol, vous n'y pouvez rien, pas plus que le bonheur ici-bas. Pour ceux qui croient qu'une seule existence est leur lot, que les peines, les privations, l'amour renfermé dans un cœur n'étant pas compris, les pertes d'êtres aimés, l'ingratitude des lois de la terre, qu'une seule existence suffit, que la mort du corps enfoui dans la terre, triste espérance, semblable à l'enfant nouveau-né qui n'a pas vu le jour, il ne restera pas toujours dans l'obscurité. De même nos frères incrédules, grandiront, ils chercheront pourquoi ils sont sur terre, en lutte à tant de douleurs et tant de diversité de positions et de santé, étant tous de la même famille et tous égaux. Ils remonteront à la source première, partie de l'idéal, prendre un corps procréé par l'homme et la femme, pour acquérir l'intelligence nécessaire, conduite par l'instinct, pour acquérir le moral, fruit nécessaire pour arriver au progrès, en passant par toutes les étamines, d'existence en existence, de progrès en progrès. Ils ne maudiront plus ni riche, ni pauvre ; chacun l'est à son tour ; ils se feront tout petits, pour être les plus grands au sortir de la captivité terrestre.

Communication.

Frères, sœurs, le moment est venu de se rapprocher dans ces jours difficiles que nous traversons. La brume envahit l'humanité ; il faut l'ensemble pour former un soleil pour pénétrer cette brume qui nous plonge dans l'obscurité et engourdit notre vitalité. Nous devons agir avec courage au perfectionnement moral, en propageant la vérité incomprise d'un grand nombre. Si nous venons pour vous instruire, c'est avec utilité pour l'harmonie céleste. Nous vous donnerons les fluides pour transmettre à vos frères, pour les ranimer. Nous vous montrerons la route de justice pour ramener l'égaré, celui qui s'est trompé ou perdu. Vous leur direz : « Frère, tu prenais le chemin inverse, tu as perdu du temps, tu ne pouvais arriver pas plus que de trouver une fleur dans les racines d'un arbre, le soleil dans la nuit, ni l'idéal dans les mines d'or. La terre doit être cultivée ; toi aussi tu as besoin de culture. Je viens vers toi, cultiver la semence que Dieu a déposée dans ta conscience. Tu as un cœur, tu ne voudrais pas qu'il soit brisé. Ne brise pas celui de tes semblables.

Pensée.

Lorsque vous approchez d'un foyer qui ne donne pas de chaleur, il est semblable à la créature qui a de l'animosité contre vous : vous lui glacez le cœur.

Pensée.

La bonne humeur réchauffe le cœur. L'esprit maussade le glace. Faites effort pour donner à votre cœur ce rayon de soleil qui réjouit les cœurs.

Progrès de l'Esprit.

Créatures fragiles, il faut être vitrifiées, pétrifiées par l'âge pour mûrir et meurtries pour grandir. L'enfant n'a pas les connaissances de l'adulte. L'esprit jeune ne peut connaître les découvertes célestes. Il faut ramper bien des existences pour apprendre à se connaître et pratiquer la loi de justice. Se reconnaître un dans la famille céleste, briser tous les liens qui retiennent l'esprit à la terre et voir par les yeux de l'esprit ; chercher dans l'immensité les découvertes aériennes, où les messagers divins s'harmonisent pour dicter des lois, commandées par le Maître à toutes ces peuplades que le feu divin réchauffe pour faire éclore et mûrir. Souffrir, c'est grandir au milieu des vicissitudes de la vie ; le cœur meurtri, plein d'amour, ne peut se faire comprendre, moins s'unir pour s'épancher ensemble et s'envoler bien haut, pour se comprendre par la pensée !

Trop beau rêve ! la joie serait trop grande. L'être humain doit racheter, grandir et non jouir des choses éphémères de la vie. Les débris des accumulations perdues dans les entrailles de la terre remontent toujours à la source première. De même, remontez là, vous trouverez les fruits dont votre esprit a

besoin pour se désaltérer ; vous êtes comme une brebis qui cherche son berger pour lui donner sa pâture. Mais l'être aimé est un oiseau de nuit ; vous entendez l'écho et, dans son vol rapide, vous l'apercevez à peine ; il vous donne sa rosée, il vous inonde de son parfum ; en attendant l'heureux jour, comme deux tourtereaux, vous goûterez le bonheur que Dieu donne à ses élus.

Progrès Divin.

Cherchez dans l'infini le progrès divin ; rien sur la terre ne peut égaler sa grandeur ; rendez-vous compte, dès le début de l'existence, vous trouverez les éléments que vous devez connaître pour entrer dans la céleste patrie. Il faut lutter pour acquérir ses connaissances et comprendre la grandeur de l'infini, puis s'armer de courage pour lutter dans cette vie passagère, pour se grandir dans l'immensité. Puisqu'il faut tout parcourir, activez votre course le plus promptement possible dans la région divine pour vous reposer des fatigues de la vie.

Appui Moral.

Enfant de la terre, toi qui vogues à tous les vents et qui ne t'appartiens pas, je viens vers toi pour te soutenir et te guider dans ce milieu obscur où l'on se perd sans s'en apercevoir. Suis mes conseils je te conduirai dans le droit chemin ; la montée est si rapide, je crains que tu ne tombes. Tu rencontreras sur ton passage des entraves ; brave tout, tu sortiras victorieux ; je t'écarterai des précipices, tu remporteras la victoire.

Pensées.

Que sont vos phrases, semblables à une fleur factice, façonnée par les hommes, ne donnant aucun parfum.

La parole simple est juste, et semblable à la fleur naturelle : elle vit et donne son parfum.

Communication.

Mon amie, quoique étant séparé de mon corps, je t'envoie mon premier baiser de nos premières amours dont mon âme a enflammé tout ton être. J'étais le feu qui devait réchauffer ton âme, je suis encore le même au delà du tombeau. Je te veille et te soutiens. Tu fais tous tes efforts pour mériter la demeure que j'habite ; tu viendras vers moi partager l'amour aérien, comme tu as partagé l'amour matériel. Nous ne serons plus

deux : nos deux anges adorés, que Dieu nous
a repris, seront avec nous. Tout sera complet ; sur terre ils nous manquaient, comme
je te manque. En attendant cet heureux
jour, prends courage, tu n'es pas abandon-
née et Dieu te guide.

Un esprit plaintif, un cœur meurtri, une
conscience chargée est le souvenir des jours
vécus, mal employés. L'esprit retourne dans
ses existences passées, il retrouve : ses
injustices, ses impuretés, il est accablé sans
savoir pourquoi. Tout est gravé dans sa
conscience, ce sont des taches à détacher ;
il faut s'armer de courage pour triompher
dans les plus grandes luttes. Demandez la
force à Dieu, il vous aidera.

Lorsque l'atmosphère est sombre, quelque
chose de lugubre pénètre votre âme ; vous
n'avez pas la gaîté que donne un rayon de
soleil. De même une conscience chargée,
tout est lugubre. Demandez à Dieu de ne
plus vous charger de nouveau, il vous éclai-
rera de son rayon divin. Votre cœur sera
plein de joie et vous ranimerez votre entourage.

Instruction.

Mes bons amis, vous tous qui recherchez
les amitiés mondaines ; qui, des relations

dangereuses ou vaines, faites tout votre espoir ; avez-vous rencontré ces amis que l'on rêve, dont la fidélité nous soutient, nous relève devant notre devoir ? En avez-vous connu qui, de votre misère, ne se détournent pas, la tête haute et fière, évitant votre main ? En comptez-vous beaucoup dont la bourse est ouverte pour vous venir en aide et réparer la perte qui vous a frappé. Le meilleur ami, sur qui l'on peut compter, est la Divinité. Il faut s'armer de courage pour supporter les vicissitudes passagères, où l'on doit réparer son triste passé et ne plus contracter de nouvelles fautes. Demandez la force, Dieu vous l'accordera, vous sortirez victorieux de toute lutte.

Conseils.

Cher voyageur qui êtes venu sur terre pour distinguer le vrai du faux, vous vivez au milieu d'un tourbillon d'hypocrites et de menteurs. Il est facile de distinguer l'erreur de la vérité. Celle-ci est une lumière naturelle qui luit d'elle-même par toute la terre puisqu'elle vient de Dieu. L'erreur est une lueur artificielle qui a besoin sans cesse d'être alimentée et qui ne peut jamais être universelle parce qu'elle n'est que l'ouvrage des hommes. La vérité est utile à tous. La créature sent qu'il y a quelque chose de divin en elle. Tout aussi petit que l'on soit on sent, dans sa conscience, selon son degré d'affinité, une voix qui parle à la pensée ; ce feu divin qui donne la joie ou la douleur ; on ne peut s'expliquer, mais l'on sent.

Pensées.

Fleur fanée ne donne pas ton parfum à l'ange qui cherche une parure céleste, pour s'envoler le jour de sa captivité terrestre, en toute liberté, pour respirer le parfum divin.

Cherchez la boussole qui conduit l'esprit, aucun sentier ne vous semblera difficile, vous ne vous perdrez pas en chemin.

Prière.

Père céleste, lumière de l'Univers, ne nous oubliez pas, sans vous nous ne pouvons rien faire. Force divine, nous, pauvres exilés sur une terre imparfaite, où nous rampons pour obtenir les éléments qui conduisent à vous. Ne nous oubliez pas dans cette course passagère. Aidéz-nous à lutter avec courage et soumission pour alléger notre fardeau parfois trop lourd.

Réponse.

Cher troupeau, brebis célestes, je vous attends, faites tous vos efforts pour mûrir. Je vous donne ma sève divine, mon parfum céleste, puis une partie de moi-même, pour vous aider à franchir tout obstacle et sortir victorieux de toute lutte.

Instruction.

Un sauveur est venu sur la terre montrer la lumière à ses habitants ; triste course. Envolé des sphères supérieures, ayant quitté son père pour venir vers ses frères; il attirait par sa justice et sa divinité tout ce troupeau sur son passage. Nul ne pouvait résister à son enseignement, les cœurs se sentaient émus par son regard.

Prière.

Fleur divine, parfum céleste, branche échappée de l'arbre universel, consolateur parfait, nous implorons votre assistance, nous, faibles créatures ; que de luttes nous avons encore à parcourir pour explorer votre grandeur. Messie aérien, ne nous oubliez pas. Aidez-nous à gravir la montée difficile, que vous avez parcourue pour arriver dans la céleste patrie.

Je suis le fils du roi Céleste, j'appartiens à l'Univers, chaque être est mon parent, tous nous ne formons qu'une seule famille, nous devons tous nous aider.

La loi divine a résolu le grand problème de l'épuration par la douleur ; la voix des invisibles nous encourage aux heures difficiles des existences terrestres ; elle détache notre âme de tout ce qui est matériel ; elle lui parle de Dieu et des lois éternelles, dans la lutte intrépide de la destinée humaine.

Du principe de l'homme, apprenez à choisir, l'un est impérissable et l'autre doit périr.

Dans sa lutte abattu le terrible captif a, du moins, combattu.

L'homme est l'auteur de ses calamités ; la source de ses maux, est son ignorance.

L'Œuvre Divine.

Quelle est la source qui alimente la terre ? c'est le Créateur. L'Univers est rempli de molécules qui attirent la créature l'une vers l'autre. C'est la loi d'amour et de fraternité. L'être matériel, dans l'enfance de son esprit, n'ayant pas développé l'intelligence morale, n'a que des sensations sensuelles : il ne peut pas comprendre qu'il n'y ait d'autre amour que celui des sens ; pour lui tout s'arrête au plaisir factice n'ayant d'autre vue que la jouissance des plaisirs de la terre. Il s'endort dans son illusion ; il se crée des maladies et se rend esclave de son corps, puisqu'il ne vit que pour lui. C'est un dépôt qui lui est confié, que Dieu lui reprendra sans l'avertir. Il faudra rendre compte de l'emploi de son temps, de cette vie. Là, tout est sombre et lugubre, il porte dans son corps astral les fautes : le temps perdu et toutes ses orgies ; ses plaisirs, dont il faisait toute sa joie, le torturent. Il faut ramper dans le milieu obscur où on a contracté toutes ses fautes dans des angoisses terribles, en attendant la réparation et subir toutes les injustices que l'on a fait subir à ses semblables et s'élever au-dessus des passions mondaines, chercher à connaître la loi d'affinité et de justice. Que les ténèbres répandues sur la surface de la terre disparaissent ! Que la lumière céleste prenne la place et que l'amour de Dieu, l'amour envers le prochain, qui ont peuplé le ciel y règnent à perpétuité sur les débris de l'amour de soi-même et de l'amour du prochain !

Réflexion.

Où peut-on trouver la composition qui anime le genre humain : toutes les propriétés atmosphériques se trouvent dans le magné- tisme divin. La créature y puise sa nourri- ture spirituelle. La terre s'alimente de flux et reflux et entraîne, dans sa rotation, les débris volcaniques, enfante sans cesse des trilliards de particules et molécules qui don- nent naissance à d'autres et se transforment à l'infini jusqu'au parfait progrès de la matière planétaire.

Conseils aux Parents.

Pères, mères, Dieu vous envoie des enfants pour leur prodiguer tous les soins dont ils ont besoin. Efforcez-vous d'étudier leur nature au berceau ; suivez le développement de l'enfant, réprimez leurs mauvais penchants sans les brusquer ni les frapper; ne laissez pas développer de mauvais défauts ; car, dans ce jeune enfant, se cachent souvent des vices contractés dans l'enfance de son esprit. Vous avez procréé le corps, mais l'esprit qui l'anime peut avoir été criminel, ou votre ennemi et peut devenir votre bourreau ; ne le gâtez pas ; faites-vous respecter ; ne le laissez pas dans l'oisiveté ; ne lui laissez pas développer le germe de l'orgueil ni de l'é- goïsme. Faites-lui comprendre que nous som- mes tous égaux devant Dieu. Que la vie et la situation ne font pas la grandeur, que ce ne sont que les qualités morales : la justice et l'amour du prochain, qui donnent le titre à l'esprit et font refléter, sur son corps, la parure céleste.

Un cri plaintif.

Mon Dieu, mon âme est inquiète, je ne sais sur quoi me reporter, mon cœur est triste; j'ai perdu mon enfant, le bonheur de ma vie. Je ne vivais que pour lui, la vie m'est à charge, sans lui, tout est perdu! Que vais-je devenir?

L'Ange Gardien.

Dieu t'avait donné un enfant, tu ne vivais que pour lui seul. Tu oubliais même le Créateur pour assurer un trésor pour l'avenir de ton enfant. Tu oubliais tes semblables; tout était trop plein; aujourd'hui, tout est trop vide. Tu as été égoïste pour les autres, Dieu t'a repris le trésor de ton cœur; seul reste le trésor amassé en égoïsme et aux dépens de tes semblables. L'égoïste, l'avare, l'envieux n'est jamais satisfait. Il vit en dehors de la loi d'Amour. Dieu est tout amour, il ne faut pas le chasser, il a le pouvoir divin; la créature doit s'incliner à la loi du Maître.

Prière.

Permettez, mon Dieu, que je comprenne mon devoir, que je me rende digne de vous. Quand vous m'appellerez, je puisse parcourir l'espace en toute liberté. Aidez-moi, sans vous je suis impuissant à m'élever dans votre patrie divine.

Communication de la Vierge Marie.

Chers enfants, je serai avec vous; lorsque vous me demanderez, tous les secours dont vous aurez besoin seront à votre disposition. Dans l'infini sans fin rien n'y manque jamais; on y puise des éléments que la Terre ne peut produire. Venez tous chercher la guérison de votre corps et les éléments pour fortifier votre esprit. Vous pourrez franchir tout obstacle et sortir victorieux de toute lutte; gravir les espaces infinis où séjournent vos amis d'autrefois. Puis, tout joyeux, nous ferons ensemble la fête céleste, source d'Amour, où rien ne manque : le Créateur, son Messie divin et moi, l'Être choisi pour subir la douleur de sa Passion. Avec les esprits célestes, qui peuplent les espaces, nous serons tous joyeux dans l'Amour divin.

Communication.

Souvenir de mon âme bien-aimée, où pourrai-je te trouver? Mon abri se trouve en toi ; sans toi, tout me manque ; le foyer plein de feu me glace, le vent m'agite, le soleil me fait rêver ; si je pouvais t'apercevoir au milieu des nuages, dans un ballon, je m'envolerais pour te donner le baiser d'amour ; si tu as quelque pouvoir, viens, je te prie, consoler ton affligé, avec son cœur meurtri. Je n'ai plus d'espérance. La vie m'est à charge. Que vais-je devenir? sans toi !.. tout est perdu.

Réponse de l'épouse.

Epoux bien-aimé,. calme-toi; mon corps seul est disparu, ce n'était qu'un habit de chair, mais moi je suis toujours la même, mon amour pour toi est encore plus grand. J'ai changé de patrie pour aller te chercher une lumière nouvelle, pour éclairer ton esprit et réchauffer ton cœur. Ton abri n'est pas vide, je suis auprès de toi; je suis le foyer qui réchauffe tout ton être. Élève-toi au-dessus de la terre, tu apercevras une lumière céleste, tu me reconnaîtras et nous pourrons causer ensemble. Espère et sache que la terre n'est qu'un court passage et que ton corps ne t'appartient pas. Fais plus pour toi, qui es immortel, que pour ton corps qui n'est qu'en passant et que tu rendras à la Terre.

Prière.

Mon Dieu, que la lumière pénètre mon esprit. Je ne sais que faire ; je me trouve embrouillé dans cette lutte de chaque jour. Je voudrais connaître la puissance divine, mais mon intelligence n'est pas encore mûrie. Je vous demande la lumière divine pour éclairer la route que je dois parcourir, pour arriver à vous. Mon Dieu, ne m'oubliez pas !

Instruction.

Le pouvoir n'est pas de même pour tous : l'un connaît la terre, l'autre connaît l'espace. Le fruit mûrit lorsque le soleil donne sa chaleur, l'être grandit lorsqu'il cherche le foyer divin. Il pénètre les profondeurs de l'infini et découvre les éléments que la terre ne peut produire. Pour obtenir la sève divine il faut s'occuper de la divinité et proclamer les enseignements du Christ, montrer la loi d'Amour et de Justice. L'infini est un champ libre ; mais, pour le parcourir, il faut le connaître et, pour goûter son fruit, il faut le cueillir.

Prière.

Monde aérien, j'ai soif du fruit divin. Veuillez m'aider à monter bien haut pour que je puisse cueillir ce fruit et en faire goûter à tous mes semblables.

Fruit Divin.

L'arbre de vie est la justice. L'esprit se nourrit de son fruit ; pour en cueillir il faut être grand et connaître l'endroit où il se trouve. Beaucoup l'ignorent. Cherchez et vous trouverez ce fruit que nul arbre de votre terre possède : ce sont vos bonnes actions, le désintéressement, le dévouement, votre conscience pure et l'amour de vos semblables. Goûtez à ce fruit et faites-en goûter à vos frères, vous serez forts pour traverser les peuplades aériennes et découvrir un coin de la divinité, pour visiter votre demeure future.

Prière.

Maître Éternel, tu connais nos désirs, nous voulons te connaître et nous ne pouvons nous élever pour pénétrer tes secrets.

L'oiseau.

L'oiseau bégaye près de sa mère et murmure loin d'elle, réclamant les soins dont son enfance aspire ; loin de lui sa mère l'appelle ; ne voyant rien venir, elle revient vers son nid ; son petit lui fait fête en l'apercevant. « Trop jeune, dit-elle, pour s'envoler et chercher sa becquée, je dois rester près de lui jusqu'à ce qu'il puisse s'envoler. »

De même une bonne mère naturelle ne doit pas quitter son enfant lorsqu'il a besoin de soins ; elle doit lui prodiguer tout ce qui est nécessaire ; là, elle remplit son devoir.

Espoir.

Si la vie vous est à charge pour un temps vous pouvez espérer, de grandes joies vous sont réservées : vous goûterez les fruits de vos actes et, tout heureux d'avoir combattu et sortis victorieux de la lutte, vous remercierez l'être qui vous a fait souffrir et l'aiderez à grandir ; on est solidaire l'un pour l'autre dans la famille universelle.

Pensées.

Amour, force divine ; charité, force matérielle ; humilité, victoire, acte d'abnégation,
conscience tranquille.

Élevez votre pensée vers la céleste patrie,
vous apercevrez une flamme divine qui éclai-
rera votre esprit ; vous pourrez puiser des
connaissances nouvelles ; vous pourrez voir
les êtres que vous avez perdus et converser
avec eux.

Purification.

Dieu m'a donné la vie pour me grandir,
dans ce milieu étroit, j'ai connu la douleur ;
la joie sur terre est suivie de remords. Qu'ai-
je donc trouvé : une douleur continuelle. Je
dois me soumettre, ne pas murmurer des
entraves qui surgissent sur mon chemin.
Dieu est juste, il veut mon progrès, il me
montre le chemin qui conduit à lui. Lorsqu'un ruisseau est rempli d'immondices, l'eau
est bourbeuse, elle coule difficilement, il faut
le nettoyer pour que l'eau devienne limpide
et circule à son aise. De même, nous devons
nous purifier pour devenir plus légers et ne
pas être chargés pour faire le grand voyage.

Instruction.

Je viens de la peuplade céleste vous donner une lumière pour vous éclairer dans ce petit coin de terre. Vous devez chercher pourquoi vous êtes tous aveugles, ne connaissant pas les fluides divins qui peuplent l'infini. Vous êtes sombres comme le nuage qui pèse sur votre organisme ; vous voulez le fuir et ne le pouvez pas plus que de sortir du soleil, qui jaillit près de vous et la lumière divine qui germe dans votre conscience, qui doit se développer et mûrir comme le fruit. Lorsqu'il est mûr, il tombe de lui-même ; ainsi l'esprit ne peut plus retomber dans ses penchants vicieux, lorsqu'il a acquis les connaissances divines.

Prière.

Puissance divine, tu contiens tous les éléments qui roulent de planète en planète, et moi, faible créature, je ne possède que mon pauvre esprit ; mon corps ne m'appartient même pas et je me crois beaucoup de chose. Je lutte chaque jour pour acquérir un trésor, que je ne peux pas emporter au-delà du tombeau. Titre, gloire, tout reste et je suis avec ma conscience, mon seul trésor, que nul ne peut enlever : triste passage de la vie à la mort. Il faut tout déposer pour aller dans cette patrie ; je veux acquérir quelque lumière pour m'éclairer dans ce lieu obscur, et circuler dans la plaine infinie où je reconnaîtrai mes amis d'autrefois et tous ceux que j'ai aimés. Beau séjour ! plus de douleurs : l'amour pour tous. Plus de jalousies, de cœurs meurtris. La conscience est tranquille ; lorsqu'on n'a rien à se reprocher on peut jouir en paix ; voilà mon espérance et mon seul désir.

Communication.

J'aperçois, en fermant ma paupière, tout un troupeau de personnages qui m'attirent à eux. Puis je vois, près de moi, mes parents pleurer ; ils voudraient me retenir auprès d'eux, mais la force divine est plus forte. Je m'élance au milieu de cette foule ; je me trouve dans une vaste plaine ensoleillée garnie de fleurs de toutes nuances ; je respire à mon aise, ce n'est plus ce soupir glacé de la mort, c'est un baume qui ranime tout mon être. Ne pleurez plus, chers parents : on quitte une famille pour entrer dans une autre demeure. Lorsque Dieu vous appellera nous nous retrouverons et tous, en joie, nous voyagerons ensemble dans ce vaste univers.

Conseils.

Le riche qui donne au pauvre en l'accablant, lui faisant voir son autorité de maître, a son esprit bien plus petit que celui du pauvre qui reçoit son aumône en s'humiliant. Le riche oublie que Dieu lui a prêté pour aider ses semblables et qu'il doit lui rendre compte de l'emploi du dépôt qui lui a été confié. Un bon riche se sent heureux en faisant du bien à ses semblables ; son cœur est plein d'amour, rien n'est vide dans sa conscience, car Dieu le réchauffe de son feu divin. N'oubliez pas que le pauvre d'aujourd'hui a été le riche d'hier, qu'il répare ses fautes et que le riche d'aujourd'hui sera le pauvre de demain car nul ne peut entrer dans le royaume de Dieu sans être le serviteur de ses serviteurs. La gloire, les titres, les richesses ne passent pas dans le royaume de Dieu, c'est de la contrebande.

Instruction.

Je viens vous expliquer les paroles du Sauveur, lorsqu'il ranimait le troupeau qui le suivait ; il guérissait les malades et ressuscitait les morts. Il est descendu des cieux pour nous montrer le chemin. « Je suis, dit-il, la voie, la vérité, la vie et nul ne vient au Père que par moi. Celui qui me suit ne marche pas dans les ténèbres. Je suis la lumière envoyée par mon père pour éclairer mes frères. J'attirerai vers moi les esprits affranchis de la chair ; je les introduirai dans la céleste patrie. » Ce Sauveur était un esprit épuré ; il habitait avec Dieu ; son corps était fluidique ; les molécules de son corps astral étaient aussi parfaites que son esprit et voilà pourquoi il avait une aussi grande puissance. Lorsqu'il allait sur les eaux secourir ses apôtres, il était en esprit ; il déposait son corps quand il le voulait, puis allait en esprit vers son Père chercher de nouvelles lumières. Il avait tout un troupeau d'esprits qui l'assistaient et l'inspiraient. Il disait que lui, fils de Dieu, le Saint-Esprit et son père ne faisaient qu'un : Dieu est le père, le fils une partie de lui-même, ainsi que le Saint-Esprit rentrant au foyer divin. Tous trois ne forment qu'un. De même lorsque nous aurons acquis les éléments divins ne formerons qu'un au grand foyer universel.

Aimez-vous sur Terre pour ne former qu'une seule famille. Dans l'autre monde l'esprit rétréci qui n'aime que sa famille matérielle, reste seul en égoïste dans l'autre monde. Au lieu de jouir de la vue des siens, il en est privé. Il faut aimer tous ses semblables puisqu'ils sont tous enfants de Dieu.

Instruction.

Les prêtres sont nos frères, ils ont les éléments que nous possédons et, semblables à nous, leur esprit est plus ou moins grand. Ils faut les prendre pour ce qu'ils valent et non comme des Messies. Pour être Messie révélateur il faut avoir dépouillé la matière, sans quoi la sensualité parle en tous genres. Dans les temps anciens de nos premiers pères, Dieu a toujours envoyé des révélateurs pour éclairer l'humanité. On les reconnaissait à leurs actes et à leur parfum céleste. Ils attiraient toute la foule, quoique tous ne pouvaient comprendre que leur parole venait de Dieu, tandis que, aujourd'hui, beaucoup sont des instructeurs faisant de grandes phrases, semblables à un habit trop paré qui rend ridicule celui qui le porte. La parole juste, humble, sans phrases, a toujours sa valeur ; elle vient de Dieu, elle ne se transforme pas, elle est éternelle comme lui.

Prière.

Mon Dieu, je vous implore dans ma douleur. Donnez-moi votre assistance dans mon aveuglement ; donnez-moi la lumière pour franchir le sentier où je dois réparer mon triste passé en subissant les tortures que j'ai fait subir à mes semblables. La vie m'est pénible sur cette terre d'exil où je dois m'acquitter d'une dette ingrate qu'autrefois je prenais plaisir à contracter. Aujourd'hui, le remords me fait courber et les faiblesses amères m'affligent. Je ressens mes forfaits d'autrefois. Rien, sur ce court passage, ne me sourit. Je voudrais m'élever au-dessus de ce lieu d'expiation et franchir, dans un vol, l'espace infini, dont j'espère jouir un jour. O mon Dieu, je vous demande la force d'acquitter toutes mes dettes.

Pensées.

Lorsqu'un rayon de soleil réchauffe un malade, il le ranime et lui donne la gaîté. Si votre âme est inquiète, triste, il vous manque ce rayon divin pour réchauffer votre cœur et ranimer votre conscience.

Lorsque vous approchez une personne qui

a de l'animosité contre vous, votre cœur se glace, semblable à un foyer qui ne donne plus de chaleur.

Lorsque votre esprit est imprégné de l'amour de Dieu vous n'avez rien à craindre, vous êtes, vous-même, le foyer qui réchauffe, console et aide à mûrir tout ce qui s'approche de vous.

Le soleil donne sa chaleur pour aider la plante à sortir du sol et donne le suc à tous les fruits. Le Créateur donne son amour à toutes ses créatures; il leur donne aussi son livre de vie. Cherchez tous à lire dans ce livre, vous remporterez le prix divin.

Observations.

Pourquoi pleurer la perte d'un enfant, ce trésor si cher, la perte d'un époux, d'une épouse, d'un père, d'une mère et d'amis chéris : ils ont changé d'endroit; si vous ne les voyez pas, ils sont auprès de vous, ils se font sentir, ils parlent à votre pensée, ils voudraient se faire comprendre, quelquefois se font entendre et vous ne vous y arrêtez pas : voilà leur douleur. Comprenez que le corps seul est mort, mais que l'esprit qui l'animait vit. Il a toujours le même amour, il souffre de vos douleurs, de votre ignorance de ne pas être compris. Tout ce que vous voyez de vide dans l'espace est habité, peuplé de la famille des esprits ; chacun a les siens pour les aider dans la marche de la vie s'ils ont la lumière. Ceux qui sont dans le trouble ne peuvent pas aider, ils ont besoin de l'être pour sortir de l'obscurité. *Dites :*

Prière.

Mon Dieu, aidezles êtres qui me sont chers à briser leurs liens charnels ; mettez-les en liberté et donnez-leur un rayon de votre lumière; s'ils ont des torts envers moi je leur pardonne ; si j'en ai envers eux, je leur demande pardon. Mon Dieu, je vous demande pardon. Pour nous tous exaucez ma prière.

Prière.

Mon Dieu, dans les ennuis de la vie, donnez-moi la force de ne pas me laisser abattre ; faites que je vive au milieu de l'ensemble céleste, que son parfum m'enivre de joie; que j'oublie les ennuis matériels pour m'élancer vers la Divinité et jouir du bonheur des élus.

Instruction.

La brute ne pense pas ; elle n'a pas de remords, mais la créature pense selon son degré d'avancement lorsqu'elle déroge à la loi divine. Elle est semblable au voyageur au milieu de la mer, quand le vent souffle le navire est menacé par les vagues qui le veulent engloutir. Les voyageurs s'écrient ; ils implorent la puissance Divine, ils regrettent de l'avoir oubliée. Ils craignent, en voyant les habitants de la mer, d'être leur proie. Ils voudraient fuir ; mais ils ne le peuvent, De même, lorsqu'on a été injuste, que l'on a passé son existence dans les futilités mondaines, on voit, au moment de la mort, des esprits qui attendent pour vous amener dans des lieux obscurs ; ils sont heureux d'avoir été écoutés et vous êtes leur esclave; tout est lugubre, triste, vous ne pouvez circuler; vous voulez fuir et ne le pouvez. Vous voudriez avoir écouté la voix du bien, mais il faut attendre une nouvelle réincarnation pour réparer les fautes contractées jusqu'à la dernière. Voyez: le mal que l'on fait à autrui retombe sur soi-même.

Pensées.

Un éclair est un feu divin, vous possédez tous dans votre esprit cet éclair divin, vous pouvez, par votre regard, enflammer vos semblables.

Un bon père, une bonne mère, pour se faire obéir, n'ont pas besoin de frapper leurs enfants, un regard suffit avec la pensée de les commander ; mais il faut, dès leur enfance, les dresser par le regard.

Un être coléreux ne s'appartient pas, il ressemble au tigre ; il faut le prendre par la douceur et le raisonner pour calmer sa rage.

Mes bons amis, lorsque vous faites bouillir de l'eau et que le feu est trop ardent vous diminuez le feu pour ne pas laisser enfuir le liquide ; de même, lorsque vous voyez quelqu'un en colère ne l'accablez pas d'injures ; laissez l'ébullition nerveuse reprendre son cours, semblable à l'eau ; éteignez le feu, car toute colère qui déborde fait toujours du dégât et quelquefois des victimes ; vous avez le remords de l'avoir excité dans sa colère. Car tous les coléreux n'ont pas la pensée divine, ils sont abandonnés dans leurs pensées brutales et font le mal sans se ren-

dre compte de leurs forfaits : ils sont aveugles. Cherchez la lumière et vous vous ren-
drez compte de vos actes, car Dieu sera avec
vous. Tout ce que Dieu garde est bien gardé.

Pensée.

Si vous cachez le mal que vous faites, Dieu
vous voit ; vous mettez au grand jour le bien
que vous faites pour être choyés du monde ;
vous, faites le contraire. Cachez-le bien et
mettez au grand jour le mal que vous faites.
Là, Dieu aura pitié de vous. Il vous donnera
un rayon de sa lumière pour que vous puissiez gravir la montée qui conduit à lui.

Si vous pouviez goûter les charmes d'un
céleste amour, le séjour que vous parcourez
sur terre serait plein de charmes ; votre nature serait sensible, un parfum inonderait
tout votre être, vous trouveriez une source
féconde, vous pourriez conquérir et remper-
ter la victoire sur toute chose.

Que de fois j'ai cherché dans la foule un
être comprenant la parole Divine ; je n'ai
rencontré que des êtres charnels, la lumière
matérielle au lieu de la lumière céleste ;
croyant que la science seule pouvait les élever
et leur donner toute la joie possible ; n'ayant
d'autre but que le bonheur d'ici-bas. Pauvres

frères, ils ne comprennent pas qu'ils attachent leur esprit, ils se rendent captifs ; leur corps est le poteau où leur pauvre esprit est attaché. Ils voudraient rompre leur chaîne mais ils ne le peuvent. Ils ont passé leur vie dans les grandeurs mondaines ; il faut qu'ils subissent les peines de leurs fautes. Dieu, en nous créant, a voulu que nous lui revenions ; si nous nous trompons de chemin, il faut retrouver ce chemin qui conduit au Père Éternel.

Un bon jardinier cultive sa plante pour l'aider à rapporter beaucoup de fruits ; de même aidez à la culture de vos enfants. Faites qu'ils rapportent beaucoup de fruits. Lorsque le Créateur les appellera à lui que vous n'ayez pas la honte de recevoir ce reproche : « Si tu avais cultivé mon enfance je ne serais pas dans l'obscurité ; je souffre de ta négligence. »

O terre, poussière, toi qui reçois les immondices et qui engloutit dans ton sein les corps de toute espèce, on t'aime encore puisque tu caches tant de vices, la nuit comme le jour. On croit être seul à l'ombre du foyer ; on ignore que l'espace est peuplé d'êtres clairvoyants et que l'on peut dévoiler les vices les plus cachés. On marche sur toi, on s'y cramponne ; au lieu de chercher le lieu où l'on doit faire sa demeure.

Nous sommes vos envoyés divins, nous plaidons votre cause, non pas comme les avocats de la terre qui, pour un commerce important, gracient leurs clients et partagent avec leur chef. Semblable au Messie divin le juste est condamné et l'injuste pardonné.

Dieu est l'interprète de toutes ses créatures, il connaît toutes les langues ; c'est lui qui les anime.

Un orateur inspiré fait pénétrer sa parole dans la pensée de ses auditeurs ; il est semblable au soleil qui réchauffe et égaye ses créatures.

Beaucoup de phrases sont nuisibles ; le fond est préférable, sans apprêt factice, pour se donner du zèle et se rendre ridicule.

La voie divine n'est pas visible pour tous, il faut avoir remporté plusieurs victoires pour pénétrer cette lumière. Dans l'enfance de l'esprit on n'a rien à espérer ; il faut cultiver pour lui, au lieu qu'il cultive. La moisson est difficile mais il faut semer avec beaucoup d'espérance pour récolter un peu de produit. Prenez patience, lorsqu'on défriche une forêt il faut s'armer de courage. De même, pour un être arriéré, il faut beaucoup de force ; demandez-la à Dieu il vous la donnera.

L'Ange Gardien.

Mon Dieu, vous m'avez donné un esprit jeune, faites que je lui prodigue tous les soins que nécessite son enfance et que je l'aide à sortir de son enfance spirituelle et à rompre son instinct brutal. La lutte sera dure; aidez-moi, Père, puisque vous me l'avez envoyé, donnez-moi la force d'accomplir ma tâche.

Je plane dans un lieu inconnu ; je voudrais connaître ce lieu que je parcours, mais je ne vois pas clair !...tout est nuit !..sombre. Je sens et ne peux me rendre compte !... pourquoi la douleur s'empare-t-elle de tout mon être. Je suis seul !...pourquoi ce silence? pas un ami... pas un bruit... la terreur s'empare de moi ! !... je veux fuir... je ne le peux... Que vais-je devenir ?... S'il y a une force divine au-dessus de la terre, qu'elle se montre je me rendrai à l'évidence. Il me tarde de connaître... Je vous prie ne me laissez pas souffrir. Ayez pitié de moi !!

Réponse du Guide.

Cher protégé, calme-toi ; tu as fait appel au Créateur, il ne sera pas sourd à ton appel.

Tu as passé ta vie sans foi. Tu croyais que la terre était le seul lieu de ton existence. Tu as tout fait pour ce coin de terre que tu devais quitter un jour. Tu as déposé ton corps, mais toi tu rampes dans la douleur, sans pouvoir t'expliquer pourquoi. Vois tous tes faux plaisirs, ton aveuglement de vouloir toujours jouir ; maintenant tu ne possèdes ni ami, ni lumière. Tu es seul dans ce lieu obscur. Tu as oublié qu'il y avait une loi divine au-dessus des lois humaines et au-dessus de ta pensée. Espère, je viens te sortir du triste lieu où tu avais mis toutes tes espérances.

Regrets d'un viveur.

Dans un berceau garni de fleurs je me reposais ; je rêvais et repassais mes jours passés dans l'ivresse. Le printemps de ma vie était passé, je ne pouvais plus prendre aucun plaisir. Tout m'ennuyait, mon corps m'était à charge. Je cherchais dans l'infini si je pouvais trouver l'espérance pour ranimer mon cœur meurtri. Je ne voyais que les nuages, le soleil et les étoiles. Je les enviais et murmurais : « Vous tous qui ne pensez pas, votre conscience n'est pas chargée, vous n'avez pas de remords, moi je regrette mon passé. Je ne puis plus jouir des plaisirs, tout est mort chez moi et je vis en souffrant. Si vous avez du pouvoir, veuillez m'aider dans mon abattement. Attirez-moi auprès de vous. »

Pensées.

Lorsqu'une fleur embaume on la respire avec plaisir; lorsqu'elle est fanée elle n'a plus de valeur; de même, jeunesse, ne vous flétrissez pas, semblable à la fleur, gardez le parfum de votre corps, ne le souillez pas, gardez votre dignité.

Lorsqu'une jeune fille garde son innocence elle parfume tous ceux qui l'approchent, c'est une fleur vivante, son regard fait frémir, on voudrait la respirer.

Celles qui se souillent n'ont plus de parfum; au lieu de chercher à les respirer, on les souille ; semblables à des fleurs fanées, on les délaisse.

Communication.

L'ombre de la vie m'aigrit ; la tristesse envahit tout mon être, je ne sais de quel côté me retourner pour avoir un peu de tranquillité ; la douleur me poursuit. Je ne peux arriver à rien ; mieux vaudrait ne pas naître, pour souffrir toute une existence auprès de tant d'êtres à qui tout sourit. S'il y a un Dieu, il est semblable aux hommes puisqu'il est aussi impartial. L'un a la science, la fortune, la santé et l'organisme bien façonné ; l'autre la pauvreté, l'infirmité de tout genre, l'esprit troublé ; pourquoi n'être pas tous égaux étant tous de la même famille.

Réponse.

Dieu envoie ses enfants sur terre ; il faut acquérir l'intelligence et la science souvent s'acquiert aux dépens d'autrui. Il faut renaître pour réparer toutes ses fautes ; voilà la diversité dans la création. On est tous égaux devant Dieu, mais on a tous la responsabilité de ses actes ; tout est marqué sur son corps astral ; toutes injustices doivent être réparées : voilà la douleur de la vie et la diversité des créatures. Il faut tout réparer et à chacun selon ses œuvres.

Prière.

Dieu d'amour, aidez-moi à gravir cette montagne difficile du passage de la terre. Je suis faible et ne puis moi seul la gravir ; don-

nez-moi la force nécessaire pour monter le
plus promptement possible, puisqu'il faut en
sortir. Faites que j'active ma course, car parfois je me sens impuissant à la franchir.
Père ne m'oubliez pas.

Instruction.

Pour se grandir il faut être sérieux et ne
pas reporter ses pensées aux choses futiles
et que toutes les paroles soient justes,
qu'elles portent leur fruit. Remplir son
devoir selon sa tâche et ne pas envier le sort
d'autrui; la situation que l'on a choisie est
utile au progrès ; le perfectionnement de la
créature est difficile, il faut tout acquérir de
degré en degré, de planète en planète, jusqu'à la perfection, mais elle n'est pas impossible.

Que le cœur est léger lorsqu'on a bien
rempli son devoir, rien ne vous pèse, on
respire à l'aise, la vie ne vous semble pas
lugubre, on voudrait toujours mieux faire
pour acquérir de nouvelles connaissances
pour aider ses semblables. La conscience est
tranquille ; on s'enivre de joies divines en
apercevant au loin une lumière céleste qui
nous éclaire dans ce tourbillon passager de
la terre.

Instruction.

Frères, sœurs, troupeau universel, je viens vous expliquer le mystère caché et vous instruire. Tout mystère se dévoile lorsqu'on a des connaissances divines. On s'aperçoit que l'ignorance seule est un mystère. Pour l'enfant nouveau-né tout est mystère ; de même l'adulte lorsqu'il se plonge dans les plaisirs n'ayant d'autres vues que ce court passage de l'existence matérielle ; pour lui le reste est mystère ; mais, pour le chercheur moral, sa vue pénètre une partie de l'infini ; il comprend que la plus grande science de la terre n'est qu'une ébauche auprès des connaissances de l'infini. Et il cherche à dévoiler ce grand mystère que toute créature doit connaître pour parcourir à travers la vie, où tout n'est que douleurs, peines, déceptions, pour arriver au développement moral. La lutte est grande mais il faut connaître que l'on a un supérieur qui commande et à qui l'on doit obéir de bonne volonté ou de force. Plus l'on s'obstine, plus l'on souffre. Il vous envoie sur terre sans connaissances, sans tache. Il faut tout acquérir selon son développement et si l'on contracte quelques fautes il faut renaître pour les réparer et subir le mal que l'on a fait subir à ses semblables. Voilà pourquoi il y a des douleurs aiguës, des réparations terribles. On se demande pourquoi ? Voilà la justice, le mystère. Rien ne reste impuni ; le mal caché, comme celui au grand jour, doit être réparé. Quelle grandeur dans la création : la justice pour tous. A chacun selon ses œuvres.

Appel.

Venez tous vous unir aux pensées divines et chercher dans nos régions l'aliment qui peut rassasier votre esprit. La terre vous donne son produit pour nourrir votre corps, l'abriter et le couvrir. Nous, nous possédons l'aliment qui nourrit votre esprit et que vous retrouverez en quittant la terre. Tandis que celle-ci engloutit, dans son sein, votre cadavre, pourquoi vous y acharner puisque vous la piétinez. Y faites-vous votre bonheur ? A tout instant votre cœur est meurtri par les infirmités, pour les vôtres ; vous voudriez que votre famille soit heureuse et parfois jusqu'à la dégradation. Vous pleurez pour vous et pour les vôtres. Ce passage de la terre est-il heureux ? Il faut encore la quitter malgré toutes ses peines. Remontez à la source première, rien n'est factice : vous trouverez le vrai bonheur ; mais sur terre tout est factice, le meilleur ne vaut pas grand'chose.

Instruction.

Toutes les planètes circulent dans l'espace comme la pensée s'envole. Rien n'est inactif dans l'univers, tout s'agite, grandit, rien ne se perd, tout s'affine, mûrit et retourne au grand Tout. Lorsque la créature quitte son corps, elle le dépose à terre, mais sa pensée s'envole au loin, selon son degré d'affinité. Si elle a reporté ses pensées sur terre elle y reste sans pouvoir s'éloigner, semblable aux infirmes qui ne peuvent pas circuler. Ils voudraient s'éloigner, ils ne le peuvent ; on vient les visiter comme dans un hôpital, ils souffrent de ne pouvoir aller avec leur famille. Si vous voulez jouir de votre liberté après la mort, éclairez-vous avant de quitter cette terre pour connaître votre chemin et entrer en relation avec les habitants de l'autre monde ; votre départ sera joyeux au lieu d'être lugubre. Tous ceux que vous avez aimés et qui vous ont devancés, viendront vous chercher et tous, en joie, vous irez parcourir des myriades de peuplades d'esprits semblables aux habitants de la terre. Ils ont tous leurs occupations, selon leurs aptitudes ; vous y puiserez des connaissances morales, puis vous irez consoler votre famille et tous ceux que vous avez aimés. Vous leur direz : « Ne pleurez plus, je suis auprès de vous, je vous aiderai dans vos travaux et vous inspirerai lorsque vous vous trouverez dans la peine. Et quand vous aurez terminé votre tâche, je viendrai vous chercher pour aller en vacances, à la campagne, visiter la patrie céleste où l'Amour enflamme tous les cœurs des êtres, et, tout joyeux, nous irons au banquet divin.

Pensées.

Patrie, peuplade universelle, je demande ton appui. Viens consoler mon cœur, animer mon âme, que je puisse donner de mon fluide.

Justice, Grandeur, je vous demande de m'assister dans cette tâche grandiose. Père, donnez-moi votre appui.

Bonté céleste, je t'aspire et je voudrais converser avec toi. Aide-moi. J'ai soif de converser avec mes frères.

Mon Dieu, ton amour est le mien. Je ne vis que pour toi et mes semblables.

Je suis le jardinier divin, je cultive les âmes pour les amener à Dieu.

Tu as soif de la Justice ; tu veux que le progrès se fasse ; tu fais tous tes efforts. Dieu t'aidera.

La fleur donne son parfum.

La créature cherche la vérité.

Sois tranquille, grand'mère, je t'aiderai.

Henri.

Dans une sombre chaumière brille souvent l'éclair céleste ; plus d'une pauvre créature, passant inaperçue dans la foule sans science, a l'humilité pour trésor et la parole divine pour enflammer, réchauffer l'être glacé meurtri par les durs travaux et l'amertume de la vie. Son écho retentit au loin et fait vibrer les fibres les plus engourdies et ranime la créature, lui rend la santé, l'espérance et la gaîté.

Souvent, dans un palais, séjourne une âme triste ; elle voudrait, comme l'oiseau, briser sa cage pour s'envoler au loin. On l'a placée dans ce milieu sans ses ordres ; sa vie n'est qu'amertume, elle ne voudrait plus vivre, son cœur est navré ; il faut encore qu'elle se console et regarde au ciel pour connaître son passé et se soumettre dans cette grande lutte passagère. Et elle dit : merci, mon Dieu, je récolte ma semence.

Cherchez le phare qui éclaire l'Univers, vous trouverez la joie et l'amour ; vous planerez dans les délices universelles, votre cœur sera joyeux. Méditez la grandeur de l'infini : rien ne sera vide en vous ; c'est le trop plein des joies futiles qui absorbent votre être ; vous vous enivrez d'un arome factice et vous délaissez le parfum divin qui inonde tout votre être.

Instruction.

Armez-vous de courage : de sphère en sphère, de planète en planète, de lutte en lutte, dans les bas-fonds des détritus des immondices ; dans le vol, le crime, l'adultère toutes choses immondes : l'hypocrisie, l'orgueil, la colère, la vengeance, l'égoïsme, l'avarice et toute autre chose. Il faut sortir lorsque vous vous plongez dans tous ces vices ; vous ressemblez aux paresseux qui s'amusent et oublient leur travail. Il faut qu'ils recommencent pour recevoir leur salaire. La justice, la foi, l'amour, le dévouement, la simplicité, l'abnégation, la charité sont une monnaie courante dans la vie céleste, tandis que l'autre ne passe pas c'est de la fausse monnaie. Ne vous rendez pas coupables ; tâchez d'acquérir de la bonne monnaie pour la vie future, que vous puissiez faire un bon placement et recevoir vos intérêts dans la vie future.

Instruction.

Chers amis, vous voulez entrer dans les
secrets de Dieu, si vous n'êtes pas de notre
sphère vous nous êtes étrangers ; nous
ne vous connaissons pas, comment voulez-
vous que nous vous donnions des instructions. Le pauvre qui manque de pain se
réclame pour qu'on lui donne ; de même,
vous êtes les pauvres de l'espace; demandez
et identifiez-vous avec nous, que nous puissions vous connaître, nous vous donnerons
des instructions divines. Pour converser avec
nous, il faut se rendre digne d'entrer dans
nos secrets. Semblable à l'enfant à qui sa
mère cache les secrets de l'adulte, il est
des choses sur terre que l'on ne peut dévoiler, n'étant pas en état de comprendre. Tout
chercheur de bonne volonté a des révélations
divines, il s'agit de chercher. Le Créateur
ouvre son livre de vie à toutes ses créatures ;
Apprenez à lire, vous connaîtrez nos secrets.

Conseils.

Si vous pouviez comprendre que tout sur
terre n'est qu'une semence divine. Vous
venez ensemencer le territoire matériel pour

récolter tous les produits dont vous avez besoin. Semblables aux moissonneurs qui vont faire la moisson au loin, quand ils ont terminé ils reviennent rapporter leur salaire à leur famille. De même vous devez rapporter votre salaire à votre père céleste puisqu'il vous a envoyés.

Ne perdez pas votre temps lorsque le soleil donne sa chaleur, car un nuage sombre pourrait mettre une entrave à vos projets. Profitez de votre jeunesse à acquérir les connaissances divines ; semblables aux moissonneurs vous ne tenez pas le temps de votre vie.

Résignation.

Le triomphe de la vie est la résignation et l'abnégation ; c'est une force qui vous conduit et vous ranime. Lorsque vous avez de la peine, songez que toutes les créatures sur terre ne terminent pas leur existence sans douleurs. N'importe la situation, pourquoi se désespérer puisqu'il faut la subir de bonne ou de mauvaise volonté. Tout ce que Dieu envoie c'est avec justice ; pourquoi ne pas l'accepter sans murmure. Lorsque votre fils fait son service militaire, il faut l'accepter de bon gré ou non ; de même toutes les douleurs de la terre, il faut les accepter ; vous souffrirez moins si vous vous résignez ; là, vous remporterez la victoire et le jour où vous rentrerez dans la patrie céleste vous serez heureux d'avoir triomphé dans toute lutte, semblable à l'ouvrier qui est heureux d'avoir terminé sa tâche pour recevoir son salaire.

Instruction.

Lorsqu'on vit dans l'orgie on est semblable à l'aveugle qui marche sans s'apercevoir des précipices qu'il rencontre sur son chemin ; de même, le viveur n'aperçoit pas la suite de sa faiblesse d'esprit; il court à l'aventure, pour lui il n'y a pas de bornes. Il empiète dans le territoire de ses semblables ; de là viennent la haine, la lutte, le crime et des infirmités sans nom. Après il reste seul avec le cœur meurtri dans une douleur aiguë et la conscience chargée. Il voudrait reprendre la jeunesse, la santé, et avoir une conscience libre ; il gémit. Que l'on est heureux de dire : ma conscience est tranquille, lorsque le Grand Maître m'appellera à lui, je suis prêt.

Pensée.

La plus belle fortune est la liberté d'esprit. Exprimer sa pensée sur toute chose divine sans crainte, c'est la liberté d'esprit.

Mes frères, mes sœurs, cherchez toujours la lumière pour éclairer votre rout '; car lorsque vous ferez le grand voyage, vous serez bien aise de connaître votre chemin pour arriver dans un lieu inconnu, où vous devrez faire votre demeure.

L'hirondelle choisit son climat. Vous êtes tous des hirondelles passagères. Le climat de la terre vous semble parfois bien froid et dur; vous cherchez votre envolée dans un lieu plus chaud, où vous pourrez reposer à votre aise ; semblable à l'hirondelle vous serez dans votre sphère.

Instruction.

Venez tous vous désaltérer dans ces rayons divins et parcourir l'immensité où l'on goûte les joies de l'ensemble. Plein d'amour, tout vous ravit par l'ensemble des pensées confondues en harmonie; on s'attire l'un à l'autre et on ne forme qu'une même famille, semblable à la famille matérielle. Là, point de discorde, tous unis d'une même pensée; plus de diversité de situation, tous concourent au même prix. Vous êtes tous appelés à concourir.

Instruction

Frères, sœurs, trésor de Dieu, nous vous attendons pour goûter avec nous les charmes de ce vaste univers, où nous planons dans les délices au milieu des innombrables arbustes dont l'harmonie nous enivre; dans ces peuplades ensoleillées notre course est rapide, plus subtile que l'éclair. Nous voyageons partout et trouvons de nouvelles forces en approchant du Créateur. Nous façonnons des fleurs et les parfumons de l'évaporation de notre pureté. Nous parons les lieux aériens de notre rayon divin. Nous réchauffons sur notre passage toutes ces peuplades qui nous entourent et nous envoyons notre chaleur; le parfum de vos fleurs n'est que le reflet des nôtres. Cherchez le parfum divin; semblables à nous, vous pourrez venir avec nous et toutes vos peines seront calmées; plus de douleurs, la joie, l'harmonie, l'amour, tout règne chez nous. On retrouve tous ceux que l'on a aimés. On attire à soi ceux qui ne sont pas encore sortis de leur chrysalide ; on les aide à franchir tout obstacle et on les conduit dans le droit chemin.

La Douleur.

La douleur est la plus belle fleur que l'on puisse cueillir sur le chemin dans les existences terriennes. La respirer avec patience est le devoir de l'être humble. Se soumettre avec courage dans la situation que l'esprit a choisie, c'est remplir la tâche que l'on s'est imposée. La seule richesse est d'aimer ses semblables, les aider et les grandir, en les conduisant dans le chemin de justice et de vérité ; pour arriver à la perfection il faut être humble, simple et dévoué en toute chose ; s'oublier pour penser à autrui, ne jamais refuser un service s'il est en votre pouvoir. La terre distribue toute sa richesse, le soleil donne sa lumière et sa chaleur ; Dieu donne tout pour aller auprès de lui. Il faut donner à la matière et fortifier l'esprit par des paroles divines. Puisez, dans la source sans fin, des paroles de consolations, vous qui rampez avec peine, sur une terre aride où tout n'est que plainte et mensonge, pour tromper l'être trop faible qui ne connaît que la terre. Vous devez vous instruire pour parcourir l'humanité et découvrir les secrets divins. Pour être auprès de Dieu il faut connaître son entourage pour pénétrer sa pensée et se rendre digne de séjourner dans sa demeure. Si vous saviez, faibles créatures, les demeures que vous avez à parcourir, vous déposeriez toutes les fautes que la matière aspire ; pour être légers, pour franchir les espaces qui se rapprochent de Dieu en vous faisant ses serviteurs. Le fruit doit mûrir avec la culture : cultivez la parole divine, vous verrez naître parmi ce peuple des connaissances nouvelles, qui feront fortifier en l'homme des idées neuves. Vous êtes revenus sur terre pour faire avancer le progrès moral ; il dépend de vous d'activer en faisant mûrir dans les jeunes esprits des connaissances qui leur sont inconnues. Vous voulez récolter, tâchez que votre semence soit bonne.

Instruction.

Frères, sœurs, ne vous arrêtez plus sur ce chemin aride, où vous devez souffrir en attendant le jour de votre départ. Cultivez le fruit de votre esprit et non les défauts de votre enfance d'esprit. Sachez que vous devez rapporter tous vos actes au Créateur bons ou mauvais. Pourquoi vous souiller dans la débauche pour vous rendre obscurs dans l'autre monde ? Cherchez la lumière qui doit éclairer votre départ ; que vous puissiez circuler en toute liberté au sortir de votre captivité terrestre. Votre planète est semblable au coin de terre d'un cultivateur ; il prend des ouvriers pour ensemencer sa terre et la cultiver ; il paie ses ouvriers selon leurs travaux. Vous êtes tous des ouvriers sur la terre, il faut cultiver le territoire puis cultiver votre intelligence et détruire tout ce qui est nuisible ; faire fructifier vos qualités divines pour la maturité de votre esprit. Lorsqu'il sera mûr, vous pourrez franchir, en toute liberté, les espaces de l'infini, vous ne trouverez plus d'obstacles, semblable au propriétaire qui ne craint plus le mauvais temps lorsque sa récolte est à l'abri.

Prière.

Ame divine, venez m'aider dans ma course. Je veux m'élever vers vous. J'aperçois toujours un obstacle. Mon cœur voudrait jouir des plaisirs mondains et ma conscience s'y refuse ; je lutte et ne peux sortir de cette pensée. La situation de la terre, un nom florissant, un cœur pour épancher mes pensées, le bonheur partout. Trop beau rêve. Je me perds, rien ne se réalise ; je m'endors dans ces illusions et je n'arrive à rien. Mon Dieu, fortifiez mon esprit, faites que ma pensée s'élève au-dessus de ces rêves factices ; que je puisse m'entretenir de pensées justes et me désaltérer dans l'amour universel.

Instruction.

Mes bons amis, cherchez dans la lumière et non dans les ténèbres. Fortifiez votre âme dans la prière, vous trouverez un soulagement d'esprit. La prière contient beaucoup de choses ; si vous voyez vos semblables dans la peine, demandez à Dieu qu'il soulage leurs douleurs, aidez-les selon votre pouvoir..

S'ils se trouvent dans la débauche, demandez que la lumière divine les éclaire et les aide à sortir de leurs penchants brutaux, plaignez-les au lieu de les mépriser. Ne vous attachez pas aux biens de la terre, car l'or rétrécit le cœur et souvent il tue la charité. Vous êtes venus sur terre pour vous aider les uns les autres. La situation n'est rien puisque l'on a un compte à rendre au Créateur au sortir de ce monde. Ne prenez que les jouissances qui ne portent pas préjudice à votre esprit. Que votre conscience soit toujours libre ; là, vous reposerez tranquilles. Soyez bons envers vos semblables comme vous voudriez qu'on le soit pour vous ; là, vous remplirez votre devoir et votre fardeau sera léger au sortir de ce monde.

Acte de bon propos.

Mon Dieu, je me propose à l'avenir de ne plus m'entretenir de paroles injustes et impures. Je reconnais en mes semblables des êtres cherchant la perfection, et moi, me voyant tout petit, je vous demande de la force pour comprendre la loi d'affinité et de m'aider d'aimer tous mes frères, quels qu'ils soient, et de leur venir en aide selon mon faible pouvoir. Père éternel, ne m'oubliez pas.

Acte de Foi.

Mon Dieu, je crois en vous et voudrais me rendre digne d'entrer dans votre demeure. Fortifiez ma foi. Faites que je puisse entraîner avec moi mes semblables, qui sont vos enfants au même titre que moi. Que je sois plein d'amour pour eux comme vous êtes pour moi. Bon père, veuillez m'aider dans ce court passage de la terre ; moi seul je suis impuissant à me conduire dans le droit chemin.

Acte d'Espérance.

Maître universel, j'espère en votre grandeur, vous êtes l'infini. L'Univers obéit à votre pensée et moi, faible créature, perdue dans le tourbillon de la terre, je ne suis pas un grain de sable, puisque cette planète n'est elle-même qu'un grain de sable et je suis une partie de vous-même ; j'espère vous retrouver le jour où j'aurai déposé toutes mes imperfections. Mon Dieu, aidez-moi à franchir tout obstacle.

Acte d'Amour.

Père divin, votre amour anime mon être ; donnez-moi la force d'aimer tous mes semblables du même amour que vous nous aimez tous. Que la joie divine règne dans mon cœur, que ma conscience soit tranquille. Père, inondez mon âme de votre fluide, que je puisse acquérir quelques vertus, pour m'envoler dans votre patrie le jour où vous m'appellerez à vous.

Acte de Charité.

Mon père, votre charité n'a pas de bornes ; je dois suivre votre exemple, ne jamais me rebuter envers mes semblables, pardonner, oublier tout le mal qu'ils me font, puisque je vous implore dans les moments difficiles de la vie. Si je repousse mes semblables, qui sont une partie de vous, je ne puis obtenir ma demande ; en les repoussant, je vous repousse et manque de charité. Aidez-moi, mon Dieu, et que les esprits célestes me réchauffent de leur feu divin.

Acte de Contrition.

Mon Dieu, je me prosterne vers vous par la pensée et vous demande pardon de toutes les fautes que j'ai contractées. Veuillez m'aider. De toutes ces pensées impures et de toutes mes injustices je ne peux briser le lien charnel qui m'attache à la terre. Aidez-moi, dans cette lutte, car seul je suis impuissant. Mon âme est triste ; je sens un poids qui me pèse. Veuillez alléger mes souffrances, j'écouterai la voix du bien.

Conseils.

Pour supporter les traverses de la vie, il faut de la patience ; elle s'appuie non sur l'impulsion de nos passions, mais sur la volonté de Dieu. La patience est le courage de la vertu ; au milieu de tant de passions qui nous agitent, notre raison est troublée et s'obscurcit, mais il est des phares dont nous pouvons rallumer le flambeau : ce sont les esprits, c'est un secours du ciel, ce sont des rayons de cette sagesse qui gouverne l'univers ; semblables aux rayons de soleil, elle éclaire, elle réjouit, elle réchauffe, c'est un feu divin. Par elle, nous réunissons autour de nous les choses divines. Une lumière s'élève et on distingue la vérité.

Instruction.

Mes amis, il y a deux sortes de lumières, la lumière matérielle dont les soleils sont les foyers et la lumière spirituelle qui a son foyer, ce corps éthéré qui se dégage du corps charnel, durant cette crise que nous appelons l'agonie, et que l'esprit emporte avec lui dans l'espace. Après la mort, il n'existe dans l'univers que deux substances : la matière et l'esprit. La matière primitive n'est autre que le fluide cosmique universel. L'homme est un être fort complexe en possession de deux corps : le corps charnel et le corps éthéré. Le corps charnel se dépose dans la terre et le vrai corps s'envole dans l'espace, comme la pensée s'envole au loin.

Le Saint Esprit.

Le Saint Esprit est une partie de Dieu, il faut l'implorer pour obtenir ce que l'on demande. Il vient vers nous et nous aide dans toutes les conditions de la vie. Il allège nos souffrances et nous donne la force de lutter dans la vie, car ce lieu est bien triste. Il ne faut pas s'abattre au milieu de la peine. Lorsque l'orage gronde, on craint qu'il n'arrive un malheur, on implore le Créateur ; faites de même, implorez-le tous les jours, car vous passez votre vie au milieu de l'orage. La terre est semblable à un vaisseau ballotté par les vagues de la mer ; on craint toujours de faire naufrage. Élevez votre pensée vers le ciel et rendez-vous digne d'entrer dans l'autre monde avec votre conscience pure.

Amour du Sauveur.

Mes enfants, aimez le Sauveur votre modèle par-dessus toutes choses. Il est la source et la vie de tout ce qui est. Il est le père tendre et juste de tout ce qui vit. Il est juste, équitable de toutes vos actions. Dans cet amour vous puiserez la force d'accomplir tous vos devoirs, d'acquérir toutes les vertus. C'est l'amour de Dieu qui réchauffe les cœurs, enfante la foi et fait naître la charité. Aimez votre prochain comme vous-même, car si vous n'avez pas cet amour immense de la fraternité vous n'avez pas les actes qui l'enfantent ; et vous serez des rameaux stériles, car c'est l'amour du prochain comme de soi-même qui seul fait naître la charité. La charité c'est le secours que vous devez à vos frères par l'intelligence et par le cœur, par cette main droite qui laisse ignorer à la main gauche le bien qu'elle a fait ; quand vous assistez le pauvre qui manque du nécessaire, dites-lui : « Mon frère, je suis heureux de te venir en aide, ne m'oublie pas dans tes prières. » Quand vous assistez le pauvre qui est dans les ténèbres de l'intelligence, ne l'humiliez pas et dites-lui : « Mon frère, je suis bien peu de chose, mais je suis prêt à t'apprendre le peu que je sais, mais que tu ignores. » Dites à votre frère malheureux : « Je t'aime parce que tu souffres, tes larmes me font pleurer, tes douleurs me meurtrissent. Aime-moi comme je t'aime. Fais que je trouve en toi cet écho qui vibre dans mon cœur, car c'est dans l'amour seul que nous trouverons le courage et la force d'aller à celui qui est tout amour ; la source est auprès de lui et en lui ; mais elle coule en ruisseaux incalculables et nous inonde de sa fraîcheur. Je suis heureux de t'aimer si tu m'aimes. » Aime Dieu par dessus toute chose et ton prochain comme toi-même, voilà toute la loi et les prophètes pour entrer dans la demeure du père. Il faut s'oublier et penser à autrui, reconnaître la famille universelle pour sa propre famille.

L'esprit orgueilleux.

L'esprit orgueilleux est vain, sourd et aveugle, volontaire, révolté, rejetant tout secours pour s'améliorer. Il est incapable de recevoir la vérité. On ne peut que lui parler en paraboles de l'harmonie universelle, aux feux des passions humaines, en attendant l'épuration des souffrances et tortures morales; mais si petit que soit le point de départ, ainsi l'esprit doit passer forcément par les phases de la germination, de la croissance et de la transformation. Il doit parvenir à la maturité par les remords, les souffrances et les tortures des expiations pour comprendre la parole de Dieu ; il faut qu'il se débarrasse de ses erreurs, de ses mauvais penchants, de tout ce qui l'enchaîne à la matière.

Pensées.

Si vous êtes en butte à la risée, au mépris de vos frères, quelque injustes que soient leurs actes à votre égard, répondez toujours par la patience et la douceur, car la colère et la vengeance n'appartiennent qu'aux êtres brutaux.

Tout être comprenant ses qualités est bien petit, s'il ne comprend pas la loi d'affinité; plus on grandit, plus on se croit petit; car il y a beaucoup à franchir pour arriver dans la céleste patrie.

Dieu donne la lumière à l'humble qui se dépouille de ses penchants vicieux, d'orgueil, d'égoïsme et d'avarice, qui pense plus à son esprit qu'à son corps et qui aime tous ses semblables d'un même amour que lui.

Les esprits obéissent aux ordres de Dieu. Ils nous aident à pénétrer de nouveaux rayons, pour nous aider à développer nos intelligences. Élevons nos cœurs et notre pensée; pratiquons la loi de justice. Nous connaîtrons ses secrets lorsque nous aurons acquis une épuration morale; nous acquèrerons la science de la toute Puissance de Dieu, de sa bonté, de sa justice infinies, la science des éléments fluidiques et de l'harmonie universelle. Nous distinguerons le bien du mal et nous pourrons pratiquer la vertu.

La grande patrie c'est l'Univers, le troupeau ce sont les créatures; le berger c'est le père qui alimente tous ses enfants avec le trésor universel. Vous pouvez tourner et retourner, vous ne pouvez quitter ce lieu qui s'appelle l'univers et ne pouvez échapper à la voie du progrès. Plus vous restez dans l'ignorance, plus vous restez dans l'obscurité. Activez votre course; faites comme le voyageur actif: il ne remet pas au lendemain ce qu'il doit faire le même jour. Et comme le moissonneur, qui rentre sa récolte lorsqu'il craint le mauvais temps, il repose tranquille lorsque l'orage gronde. De même mettez votre esprit en sûreté; lorsque Dieu vous appellera à lui, tâchez d'arriver sans tache vers ce divin Créateur.

Instruction.

Frères, sœurs, sachez comprendre votre devoir; efforcez-vous de mettre en pratique les enseignements divins. N'est-ce pas en sachant quel est le fruit que nous saurons de quel arbre il peut être produit. L'enseignement juste et pur vient de Dieu. L'enseignement impur et injuste vient des hommes immoraux. Il est facile de reconnaître le juste et l'injuste; le premier est sensible et tout amour envers ses semblables ; le second manque d'amour ; il est dur et ne voit que les plaisirs et les jouissances de la terre. Chez l'un tout vit, chez l'autre tout meurt avec le corps.

Jésus confirme l'habitabilité de tous les globes semés dans l'espace. La maison du Père c'est l'Univers et l'esprit change de demeure au fur et à mesure qu'il progresse.

Instruction.

Tous êtres ignorants seront obligés d'abandonner leurs traditions, d'en revenir à la loi mère de toutes les vertus, pour s'éclairer de vérités.

Gardez-vous de tout ce qui peut vous souiller, ne prononcez aucune parole, ne commettez aucun acte que votre conscience puisse vous reprocher. Marchez avec simplicité, faisant sortir de bonnes choses du trésor de votre cœur, afin que ce trésor se répande sur vos frères et fasse naître partout l'abondance dans les vertus et la paix dans les cœurs. De même que Jésus est venu combattre et détruire tout ce que son père céleste n'avait pas planté, les esprits de vérité viennent détruire tout ce qui est injuste, que le Père céleste n'a pas planté, qui n'est que l'ignorance et l'abus des créatures.

L'âme abattue et flétrie, dans son cœur plein de tristesse, cherche un refuge; elle implore le Créateur et lui demande l'oubli de son triste passé. Sa conscience est trop chargée, elle ne peut plus vivre tranquille, son fardeau est trop lourd. Elle voudrait fuir, mais Dieu veut qu'elle revienne au bien par le remords et qu'elle cherche un appui dans la justice; l'être juste n'a pas de remords. C'est l'injustice qui afflige l'homme et le charge. Vivez dans la loi divine, vous trouverez le chemin qui conduit à Dieu et votre conscience sera tranquille. Sachez que rien ne reste impuni. Si vous vivez aux dépens de vos semblables dans l'injustice, la débauche, la sensualité, il faudra payer, à la sueur de votre front, avec votre cœur meurtri et votre esprit alarmé, dans une torture aiguë.

Au début de la vie tout sommeille dans la créature; lorsque l'enfant grandit vous apercevez, petit à petit, les qualités et l'infériorité de ce chérubin. Étudiez ses qualités et ses défauts. Efforcez-vous à ne laisser développer, dans ce jeune esprit, que tout ce qui est juste; aidez-le à supprimer ses penchants injustes et impurs d'autrefois.

Si vous entretenez ses penchants vicieux, sous peu il prendra votre place, il sera votre maître et vous, pauvres parents trop faibles, vous n'aurez qu'à gémir; il s'emparera de

votre bien, il vous traitera en esclave; la
peur s'emparera de vous ; vous croirez avoir
affaire à un bourreau, votre vie sera inquiète ;
là, vous regretterez d'avoir été trop faibles,
d'avoir fait le malheur de votre enfant bien-
aimé ainsi que le vôtre. Ne le brusquez pas,
mais sachez l'aider et lui montrer la loi de
justice et d'amour du prochain. S'il n'aime
pas son prochain, il n'aimera pas ses parents.
Si vous l'élevez dans l'orgueil et l'égoïsme
il vous prendra pour des étrangers ; il aura
honte de vous. A qui la faute? A vous, pauvres parents !

Prière

Mon Dieu, ayez pitié des parents faibles,
donnez-leur la volonté de commander leurs
enfants avec justice. Faites-leur comprendre
qu'en les élevant au-dessus de la raison, dans
la gloire et la joie factices, ils les éloignent
de leurs parents et les excitent à devenir
pervers.

Plus de trouble, frères et sœurs. La vie
alarmante que vous parcourez avec tant de
douleurs n'est qu'un bien pour vous élever
au-dessus de la terre et chercher dans l'inconnu un rayon divin pour vous éclairer
dans la vie future. Il s'agit de connaître et de
comprendre la loi d'affinité et de chercher
les éléments qui gouvernent l'infini. La créa-

ture est responsable de ses actes ; il est tout naturel qu'elle subisse la peine qu'elle a contractée et qu'elle comprenne qu'en faisant souffrir ses semblables, il faut qu'elle subisse le même sort. Dieu ne commande pas le mal ; il laisse à ses créatures le temps de réparer leurs fautes : c'est parfois bien lugubre, mais c'est la loi de justice pour tous.

Fleur divine, quand pourrai-je respirer ton parfum qui me charme et sente dans cet arome un calme, moi qui suis agité par les soucis de la vie et ne sais sur quoi me reposer. Il me semble trouver les éléments divins dans ce parfum de justice, d'amour, de charité et de concorde. Que ne puis-je m'élever dans la demeure où je dois habiter au sortir de ma captivité terrestre et m'élancer en liberté dans la céleste patrie pour y goûter les charmes que les élus seuls connaissent et attirer près de moi ceux qui cherchent et qui doutent de la loi divine, et comprennent comme moi qu'il faut chercher pour connaître la loi d'Amour.

Le récit d'un esprit souffrant.

Au milieu d'un gouffre ténébreux j'implorais........ personne ne venait à mon appel...... la peur s'empara de moi..... je voulais fuir, je ne le pouvais..... toujours ce lieu sombre et noir..... seul dans cette

plaine sans fin..... il passait près de moi
des nuages sombres qui m'enveloppaient et
me transportaient au loin et toujours plus
lugubre !... Je pensais à ma famille.... personne ne s'occupait de moi... Je jetais un cri
de douleur. Mon Dieu, si tu existes, fais toi
voir?.. Une lumière pénétrait tout mon être.
J'aperçois un être, qui me dit: « Ne doute plus,
il y a une force au-dessus de la tienne. Tout
puissant que tu étais sur terre, tu n'étais
rien puisque tu l'as déposée et, sans cette
force divine, tu resterais dans ce triste lieu
à gémir. Vois, tu étais peu de chose auprès
de la Divinité. Tout le monde te choyait, te
cherchait d'après ton pouvoir et ta puissance
sur terre, et maintenant tu ne peux rien.. Ta
force, ton nom florissant, ta fortune, tout est
enfoui dans la terre et toi, pauvre esclave, tu
rampes et gémis sans pouvoir t'élever au-
dessus de l'atmosphère terrestre. Il faut
recommencer une existence pour déposer
ton titre, ton orgueil et servir tes serviteurs
pour acquérir une lumière divine. Tu ne possèdes que la lumière de la terre ; il faut que
tu acquières la lumière pour te sortir de
l'obscurité.

Pensées.

Lorsque l'on se plonge dans les merveil-
les divines, on abandonne la matière pour

jouir des splendeurs que l'univers contient. Quoi de plus grand que l'esprit en paix, le cœur content, allégé ; on s'envole dans les régions aériennes que le parfum des esprits célestes embaume tout votre être. On respire un arome que la créature ne peut produire. Faites effort pour être calmes et patients, pour que nous puissions vous enlever dans nos régions célestes.

Mes frères, mes sœurs de la Terre, dans nos régions sans trouble il faut, pour posséder la lumière divine, briser tous ses mauvais penchants et se reporter à la divinité dans la justice et l'amour du prochain.

La grande famille se résume en un tout univers, on s'est connu, on se connaîtra pour s'harmoniser tous ensemble et ne former qu'une seule et même famille. Pourquoi tant d'égoïsme sur terre, l'un pour l'autre, puisque l'on doit fraterniser tous ensemble et vivre dans la loi d'Amour. Ce ne sont plus deux êtres qui s'aiment, c'est le tout universel.

O loi divine, quand pourrai-je te comprendre et pratiquer ton enseignement. Tout est grossier dans ce bas monde. On ne peut s'élever et comprendre les divins, l'harmonie manque, l'amour n'est pas connu, la charité n'a pas son équilibre ; on vogue sur cette terre comme sur un navire sans boussole ; on se perd. O éclaireur divin venez nous aider à comprendre la loi de Justice à laquelle nous ne pouvons échapper et dont notre esprit doit se nourrir.

Quand je verrai cette patrie s'unir, s'harmoniser tout ensemble, mon âme sera tranquille, la terre sera transformée : les élus l'habiteront, car ils auront dépouillé l'injustice de leur acquit. Ayant son libre arbitre on accapare l'injustice, on se croit maître, on domine et on oublie le Créateur, mais il grave dans notre conscience tout ce qui ne vient pas de lui; l'injustice, l'impureté, l'égoïsme, la débauche et tout ce qui est contraire à la loi d'Amour. Il faut réparer, chercher la loi première pour arriver à Dieu. Les lois façonnées par les hommes ne sont que des lois imparfaites ; pratiquer la loi divine c'est la seule éternelle comme son maître qui est l'infini. Vos fautes ne sont pas effacées, il faut les réparer. Si vous voulez être grands et heureux, soyez justes et purs, vous pénétrerez les pensées de vos semblables et vous pourrez les aider par vos paroles et les fluides divins.

Un esprit repentant.

Une lumière jaillit, pénètre mon âme; ce feu me réchauffe; il me semble revivre. **Je** dépose mes pensées futiles et me reporte à la source première. Depuis longtemps, je l'avais quittée pour voguer à l'aventure, perdu dans mes projets, n'arrivant à rien. Je m'élance dans l'invisible et cherche une issue pour me reposer en attendant le jour où le Créateur m'appellera à lui. Je regrette mon triste passé; ne faites pas comme moi, frères, sœurs; priez pour moi.

Venez tous, mes amis et mes frères, jouir du splendide univers, vous désaltérer des fatigues et des amertumes de la vie. Votre cœur est lugubre et triste, mais la joie vous attend dans la céleste patrie si vous remplissez votre tâche avec courage et dévouement; rien n'est perdu dans l'univers, vous trouverez tous votre place. Faites bon choix pour être en liberté; que votre conscience soit pure; lorsque sa tâche est achevée on est tranquille; sans être inachevée le débiteur ne vous donne pas votre salaire; il vous renvoie sur la terre pour achever votre tâche. Combattez pendant que vous y êtes et remportez la victoire. Tous, en joie, nous jouirons de l'amour universel inconnu à la créature matérielle.

Tout se transforme à l'infini, la matière s'affine pour devenir idéale; rien ne se perd, tout vit et tout revient au foyer divin. Du minéral à l'archange, de l'injuste au juste tout concourt, chacun arrive à son tour ; il dépend d'activer sa course ou de la ralentir ; de rester en détresse sur cette terre éphémère ou de parcourir, par la pensée, les innombrables sphères que renferme l'univers, pour découvrir cette lumière céleste que l'on doit posséder pour s'élancer en toute liberté, au sortir du corps matériel. Faites effort pour franchir cet espace infini, car le lien grossier qui vous attache à la terre vous accable et vous plonge dans l'obscurité.

Un esprit instructeur.

Pensées.

Rendez le poids léger à vos frères en leur montrant par vous-même comment on peut le porter légèrement.

Le titre de Maître n'appartient qu'au Christ et celui qui l'accepte, ici-bas, l'usurpe ; à celui-là seul il appartient. Il ne faut point oublier que celui qui est le plus grand parmi vous sera votre serviteur.

Faites-vous petits sur terre ; ne vous croyez jamais au-dessus de vos semblables, car l'être avancé se croit toujours petit ; il voit par la pensée tous les degrés à franchir. Pardonnez et oubliez. Le refus de pardonner les offenses est un égoïsme, une sécheresse de cœur.

Prière.

Mon Dieu, je vous demande dans la douleur ; lorsque mon cœur est satisfait, je vous
oublie ; mais cette joie est de courte durée ;
semblable à la fleur qu'un rayon de soleil a
flétrie il m'arrive de nouvelles luttes ; je vous
implore de nouveau et n'entends plus votre
écho ; il me semble que vous êtes loin de moi ;
mon âme est triste, je ne peux me consoler ;
aidez-moi à me rapprocher de vous et donnez-moi la force de ne plus vous oublier.

Ne vous perdez pas dans vos illusions ; les
paroles futiles et les pensées sensuelles en-
dorment votre conscience et empoisonnent
votre cœur. Vos pensées mondaines vous
enivrent et vous absorbent. L'obscurité envahit tout votre être, vous ne vous appartenez
plus, vous êtes esclave de vos pensées.

Flamme divine, embrasez tout mon être.
Faites-moi comprendre et connaître le splendide univers, où tout germe par votre pensée et tout mûrit par votre activité. Notre
planète n'est formée que des débris d'autres
planètes ; elle voyage dans l'espace comme
les créatures voguent à leurs occupations.
Elle puise dans sa rotation tous les éléments
vitaux pour alimenter tout son troupeau.
Minéraux, herbivores, carnivores, elle donne

au corps humain la nourriture et tous les produits pour l'abriter et le couvrir et vous, mon Dieu, vous nous donnez une partie de vous-même, le trésor de l'infini qui retourne à vous. Aidez-nous à franchir ces cycles sidéraux afin que, par la pensée, nous puissions, en petit, vous imiter et construire des pensées divines.

L'enfant prodigue.

Un homme avait deux enfants, et le plus jeune des deux dit à son père : «Donnez-moi ce qui me revient de votre bien » et le père partagea entre eux son bien. Puis, deux jours après, le plus jeune, ayant amassé tout ce qu'il avait, s'en alla dans un páys fort éloigné et dissipa son bien en excès et en débauches. Après qu'il eut tout dépensé, la douleur, le remords et une grande fatigue survinrent. Il revint chez son père en disant: « Mon père, j'ai péché contre le ciel et contre vous; je ne suis plus digne d'être appelé votre fils ; traitez-moi comme l'un de vos serviteurs qui sont à vos gages. » « Trésor de mon âme, tu as meurtri mon cœur et obscurci mon âme. Toi, une partie de moi-même, te traiter ainsi ; tu ranimes mon courage de ta présence, mon esprit s'enivre de ton retour. Sans toi, je ne pouvais plus vivre;

j'étais un incomplet et, avec toi, tout est complet. Mon fils, reprends ta place d'autrefois, ne t'écarte plus de la loi divine, car tu retomberais de nouveau et ton père serait meurtri. »

Réponse.

Vous êtes tous des enfants prodigues. Vous avez déserté, soldats de Jésus-Christ, la patrie céleste, et vous avez été criminels, voleurs et tout ce qui s'ensuit dans l'enfance de l'esprit. Ne jetez pas la pierre à qui que ce soit. Le voleur, le criminel, l'usurier et tout autre vice sont à plaindre ; ne les brusquez pas, donnez-leur une parole de consolation et d'amour. Au lieu de les mépriser, faites-leur comprendre que, pour faire le mal, il faut beaucoup de calcul et qu'un jour on découvre toute chose injuste. Faites effort pour les aider à sortir des gouffres malsains, impurs, injustes en leur faisant comprendre qu'un jour ils auront à payer tous leurs forfaits, que rien ne reste impuni ; qu'il y a un maître qui arrange toute chose ; qu'ils passent leur vie dans la crainte et que la douleur les suit partout en attendant la triste réparation.

Prière.

Mon Dieu, éclairez toute mon âme perverse, attirez-la près de vous comme nous voulons être près de nos frères pour les aider dans la marche ingrate de la vie. Nous vous aspirons. Aidez-nous, pour nous reposer des fatigues de cette triste vie.

Prière.

Mon Dieu je veux me transporter vers vous pour connaître la pureté que je dois acquérir. Je veux être maître de mes pensées pour avoir le droit de commander. Je me donne à vous et demande une légion céleste pour embaumer sur mon passage tous mes frères arriérés ne connaissant que la matière grossière, se perdant dans l'obscurité, ne jouissant que de la terre. Veuillez m'aider à me grandir pour être digne d'aider mes semblables.

Fin

Mayenne, Imprimerie Ch. COLIN.